재미있고 똑똑한 100점 받아쓰기 2권

2013년 5월 15일 초판 1쇄 발행 | 2013년 5월 10일 초판 1쇄 인쇄

글 정명숙 | 그림 김은경

펴낸이 정태선
기획·편집 안경란·이소영 | 디자인 고정자·이상명 | 마케팅 김현우

펴낸곳 파란정원 | 출판등록 제395-2010-000070호
주소 서울시 서대문구 홍제동 90-15 2층 | 전화 02-6925-1628 | 팩스 02-723-1629 | 전자우편 eatingbooks@naver.com
종이 진영지업 | 인쇄 조일문화인쇄사 | 제본 경문제책사

글ⓒ정명숙 2013
ISBN 978-89-94813-43-1 63710
이 도서의 국립중앙도서관 출판시도서목록(CIP)은 e-CIP 홈페이지(http://www.nl.go.kr/ecip)에서
이용하실 수 있습니다.(CIP제어번호: CIP2013004399)

재미있고 똑똑한 100점

받아쓰기

2권

글 정명숙 | 그림 김은경

파란정원

《재미있고 똑똑한 100점 받아쓰기》로 한글의 달인이 되세요

"선생님, 차례의 례는 야이로 써요, 여이로 써요?"
"오뚝이는 소리 나는 대로 써요, 아니면 받침 글자로 써요?"

받아쓰기 시간이 되면 갑자기 쏟아지는 학생들의 질문에 정신이 없어질 때가 있습니다. 어린이 여러분의 받아쓰기 시간은 어떤가요?

여러분의 받아쓰기에 관한 모든 궁금증을 해결해 주기 위해 《재미있고 똑똑한 100점 받아쓰기》를 만들었습니다. 낱말을 소리 내서 읽고 받아쓰기를 하는 것부터 시작해서, 다양한 법칙에 따라 쓰는 글자와 발음하는 소리가 달라지는 이유를 알아보고, 헷갈리지 않고 정확하게 받아쓰기를 할 수 있는 방법까지 재미있는 만화와 친절한 설명으로 알차게 구성했습니다.

단순하게 교과서에 나오는 순서대로 외워서 받아쓰기를 하면, 똑같은 원리를 지닌 낱말이 나와도 그 단어를 따로 외우지 않았기

때문에 틀리는 일이 종종 생깁니다. 그래서 받아쓰기는 한글맞춤법과 표준발음법을 기준으로 같은 법칙에 따르는 낱말을 함께 공부하는 것이 좋습니다.

《재미있고 똑똑한 100점 받아쓰기》는 같은 원리를 가진 낱말을 모아 만들었기 때문에 단계별로 제시된 단어를 읽고 따라 쓰는 사이 자연스럽게 그 원리를 깨칠 수 있습니다. 가장 쉬운 1단계, 받침이 없는 쉬운 글자부터 가장 어려운 18단계, 원고지 쓰는 법까지 차근차근 단계를 밟고 올라가다 보면 어휘력뿐만 아니라 문장 구성력까지 부쩍 성장해 있는 여러분의 모습을 만날 수 있을 것입니다.

《재미있고 똑똑한 100점 받아쓰기》를 통해 이 땅의 어린이 여러분 모두가 세종대왕이 자랑스러워하는 한글의 달인이 되었으면 하는 바람입니다.

한글과 아이들을 사랑하는 지은이 씀

★부모님께
《재미있고 똑똑한 100점 받아쓰기》로 익힌 단계별 성취도를 확인할 수 있도록 낱말, 구절과 문장 받아쓰기의 문제(정답지)를 정확히 읽어 주시고, 함께 확인해 주세요.

● 차 례 ●

1권

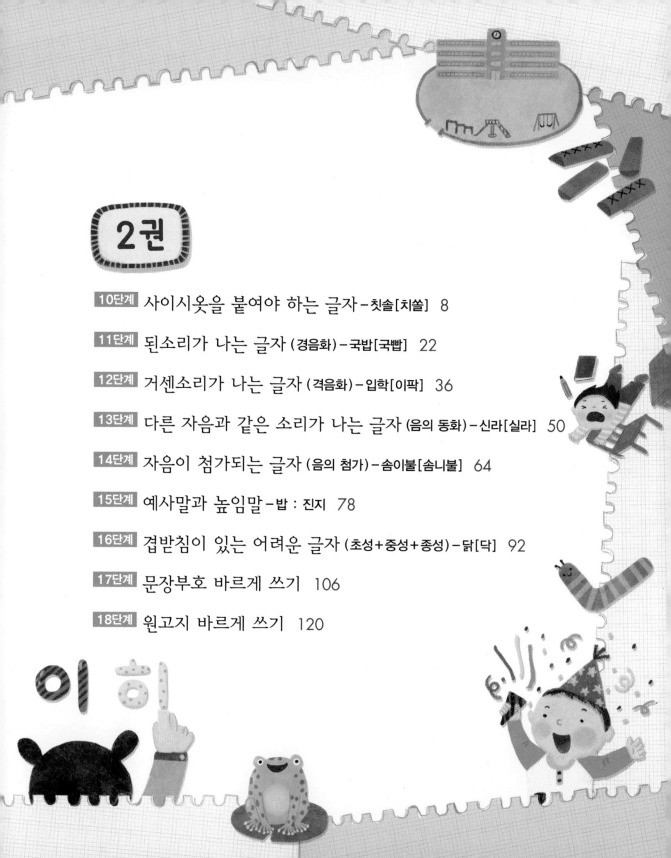

10단계

사이시옷을 붙여야 하는 글자

두 낱말 사이에 붙은 시옷

칫솔[치쏠]

두 단어를 연결할 때 필요한 사이시옷

보리와 쌀이 만나서 보리쌀이 되는 경우에는 두 단어를 연결해 적으면
합성어가 완성이 되지만 나무와 잎을 합쳐서 만든 나뭇잎은 중간에 사이시옷을
넣어서 나뭇잎이라고 적어야만 올바른 합성어가 완성이 되지요.

우리말에는 합성어일 경우 사이시옷 을 써야 하는 낱말이 많아요.

순우리말로 된 합성어로서 앞말이 모음으로 끝난 경우

귓밥, 냇가, 댓가지, 머릿기름, 못자리, 뱃길, 부싯돌, 선짓국, 쇳조각,
잇자국, 잿더미, 찻집, 핏대, 햇볕, 텃마당, 아랫마을, 뒷머리, 잇몸,
깻묵, 두렛일, 뒷일 베갯잇, 댓잎

순우리말과 한자어로 된 합성어로서 앞말이 모음으로 끝난 경우

귓병, 사잣밥, 샛강, 아랫방, 자릿세, 전셋집, 찻잔, 촛국, 콧병, 탯줄,
텃세, 핏기, 햇수, 횟가루, 제삿날, 훗날, 툇마루, 양칫물, 예삿일, 훗일

두 음절로 된 한자어일 경우

곳간, 셋방, 숫자, 찻간, 툇간, 횟수

합성어 는 둘 이상의
낱말이 합쳐져서
이루어진 낱말이야.

❶ 순우리말로 된 합성어

빗 물 → 비 + ㅅ + 물

순우리말 + 사이시옷 + 순우리말

❷ 한자어와 순우리말로 된 합성어

칫 솔 → 치齒 + ㅅ + 솔

한자어 + 사이시옷 + 순우리말

❸ 두 음절로 된 한자어

숫 자 → 수數 + ㅅ + 자字

한자어 + 사이시옷 + 한자어

✏️ 사이시옷이 있는 글자의 짜임에 맞게 빈칸에 옮겨 써 보세요.

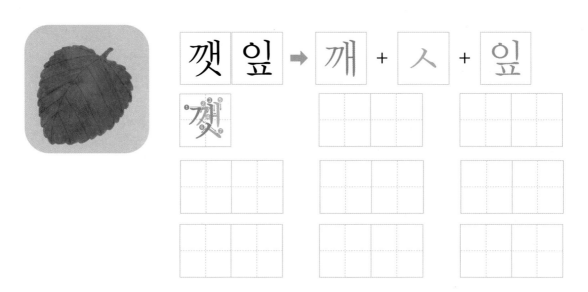

낱말을 소리 내어 읽은 후 빈칸에 따라 쓰세요.

곳 간

쳇 바 퀴

툇 마 루

나 뭇
가 지

글꼴에 맞게 예쁘게 글씨 쓰기

✏️ 자음 + 모음(ㅗ, ㅛ, ㅜ, ㅠ, ㅡ) + 자음이 합쳐진 글자는 ◇ 모양에 맞춰 써요.

냇물

숫자

✏️ 자음 + 모음(ㅗ, ㅛ, ㅡ)이 합쳐진 글자는 △ 모양에 맞춰 써요.

모깃불

죠	갯	살

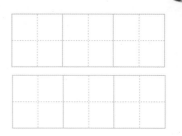

 자음 + 모음(ㅏ, ㅑ, ㅓ, ㅕ, ㅣ)이 합쳐진 글자는 ◁ 모양에 맞춰 써요.

바	닷	가

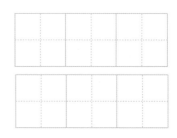

아	랫	니

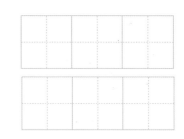

잇	자	국

어휘력 키우기

✏️ 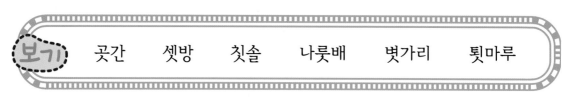보기 에서 알맞은 낱말을 찾아 빈칸에 써 보세요.

보기   곳간   셋방   칫솔   나룻배   볏가리   툇마루

❶ 이를 닦는 데 쓰는 솔을 ☐☐ 이라고 합니다.

❷ ☐☐ 은 세를 내고 빌려 쓰는 방입니다.

❸ 물건을 간직하여 두는 곳을 ☐☐ 이라고 합니다.

❹ ☐☐☐ 는 방의 앞에 달아놓은 좁은 마루입니다.

❺ 볏단을 차곡차곡 쌓아 놓은 더미를 ☐☐☐ 라고 합니다.

❻ ☐☐☐ 는 나루 사이를 오가며 사람과 짐을 나르는 배입니다.

✏️ 글자의 짜임에 맞게 빈칸에 옮겨 써 보세요.

❶ 촛불을 켜요.

❷ 윗니와 아랫니

❸ 비눗방울 동동동

❹ 앙상한 나뭇가지

❺ 다람쥐 쳇바퀴 돌듯

✏️ 불러 주는 낱말을 잘 듣고 받아쓰기 하세요.

예쁘게 한 번 더 써 보세요.

✏️ 불러 주는 구절과 문장을 잘 듣고 받아쓰기 하세요.

❶

❷

❸

❹

❺

틀린 문장이 있다면
다시 써 보세요.

다음 그림을 보고, 두 낱말을 합하여 사이시옷이 들어가는 하나의 낱말로
만들어 보세요.

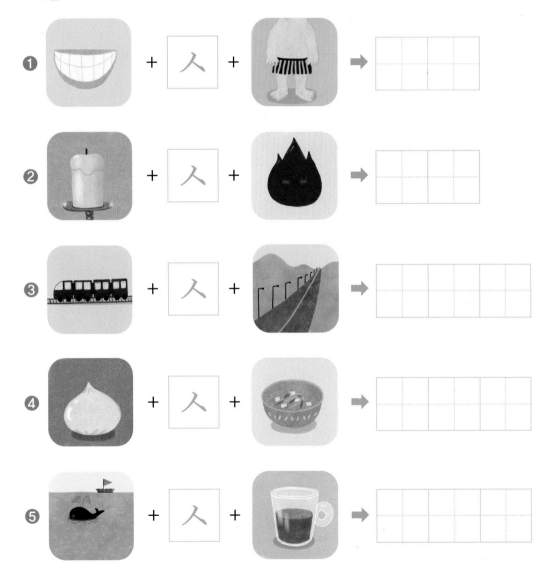

✏️ 다음 주어진 초성을 보고 속담 속에 들어갈 동물의 이름을 적어 보세요.

❶ ㅅ [ ] 잃고 외양간 고친다

일이 이미 잘못된 뒤에는 손을 써도 소용이 없음을 비꼬는 말

❷ ㄷ ㄱ [ ] 쫓던 [ ] 지붕 쳐다보듯

애써 하던 일이 실패로 돌아가거나 남보다 뒤떨어져 어찌할
도리가 없이 됨을 비유적으로 이르는 말

❸ ㅇ [   ] 도 나무에서 떨어진다

아무리 익숙하고 잘하는 사람이라도 간혹 실수할 때가 있음을
비유적으로 이르는 말

❹ ㄷ [   ] 에 진주 목걸이

값어치를 모르는 사람에게는 보물도 아무 소용없음을 비유적으로 이르는 말

❺ ㅎ [   ] 도 제 말하면 온다

다른 사람에 관한 이야기를 하는데 공교롭게
그 사람이 나타나는 경우를 이르는 말

된소리가 나는 글자
(경음화) - 국밥 [국빱]

예사소리 ㄱ, ㄷ, ㅂ, ㅅ, ㅈ이
된소리 ㄲ, ㄸ, ㅃ, ㅉ, ㅆ으로
바뀌는 현상

백군은 [백군]으로 읽을까, [백꾼]으로 읽을까?

앞글자의 받침이 ㄱ, ㄷ, ㅂ이면, 뒤에 오는 ㄱ, ㄷ, ㅂ, ㅅ, ㅈ은
반드시 ㄲ, ㄸ, ㅃ, ㅆ, ㅉ으로 소리가 나요.
그래서 청군은 〈받침 ㅇ + 초성 ㄱ〉이기 때문에 그대로 [청군]이라고 읽고,
백군은 〈받침 ㄱ + 초성 ㄱ〉이 만났기 때문에 [백꾼]이라고 읽어야 해요.

어떻게 해결할까요?

ㄱ, ㄷ, ㅂ, ㅅ, ㅈ 의 예사소리가 ㄲ, ㄸ, ㅃ, ㅉ, ㅆ 의 된소리로 발음되는 경우

예요.

받침 ㄱ ㄷ ㅂ 뒤에
↓
ㄱ, ㄷ, ㅂ, ㅅ, ㅈ 이 올 경우

국밥 [국빱]
덮개 [덥깨]
옆집 [엽찝]
옷고름 [옫꼬름]

받침 ㄴ ㅁ 뒤에
↓
ㄱ, ㄷ, ㅅ, ㅈ 이 올 경우

삼고 [삼꼬]
신고 [신꼬]
젊지 [점찌]
껴안다 [껴안따]

받침 ㄱ ㄷ ㅂ 은 쓰는 자음이 아니라, 발음하는 대표음을 말해요.

받침 ㄱ ㄷ ㅂ 뒤에
↓
ㄱ, ㄷ, ㅅ, ㅈ 이 올 경우

넓게 [널게]
떫지 [떨찌]
핥다 [할따]
훑다 [훌따]

한자어에서, 받침 ㄹ 뒤에
↓
ㄷ, ㅅ, ㅈ 이 올 경우

갈등 [갈뜽]
일시 [일씨]
발전 [발쩐]

합성어의 경우,
↓
뒤 단어의 첫소리가 ㄱ, ㄷ, ㅂ, ㅅ, ㅈ 일 때

문고리 [문꼬리]
눈동자 [눈똥자]
신바람 [신빠람]
산새 [산쌔]
손재주 [손째주]

❶ 받침 + 자음일 경우

낱말

발음

학교

받침 ㄱ 뒤에 ㄱ이 오면
뒤 글자의 첫소리가 된소리 ㄲ으로 소리 나요.

[학꾜]

❷ 겹받침 + 자음일 경우

낱말

발음

넓다

겹받침 ㄼ 뒤에 ㄷ이 오면
뒤 글자의 첫소리가 된소리 ㄸ으로 소리 나요.

[널따]

❸ 합성어일 경우

낱말

발음

손재주

뒤 단어의 첫소리가 ㅈ일 때
된소리 ㅉ으로 소리 나요.

[손째주]

✏️ ☐ 안에 알맞은 된소리를 써 넣고, 단어를 옮겨 써 보세요.

입 술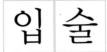

받침 **ㅂ** 뒤에 **ㅅ**이 오면

뒤에 오는 글자의 첫소리가 된소리 ☐ 으로 소리 나요.   [입쑬]

물 감

받침 **ㄹ** 뒤에 **ㄱ**이 오면

뒤에 오는 글자의 첫소리가 된소리 ☐ 으로 소리 나요.   [물깜]

26

낱말을 소리 내어 읽은 후 빈칸에 따라 쓰세요.

된소리로 발음 나기 전 글자를 생각하면서 적어요.

뺄 셈　[뺄ː쎔]

책 상　[책쌍]

알 림 장　　[알림짱]

 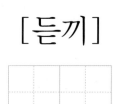

듣 기　[듣끼]

글꼴에 맞게 예쁘게 글씨 쓰기

✏️ 자음 + 모음(ㅗ, ㅛ, ㅜ, ㅠ, ㅡ) + 자음이 합쳐진 글자는 ◇ 모양에 맞춰 써요.

✏️ 자음 + 모음(ㅗ, ㅛ, ㅡ)이 합쳐진 글자는 △ 모양에 맞춰 써요.

| 물 | 고 | 기 |

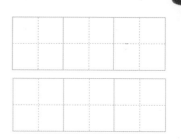

자음＋모음(ㅏ, ㅑ, ㅓ, ㅕ, ㅣ)이 합쳐진 글자는 ◁ 모양에 맞춰 써요.

| 글 | 자 |

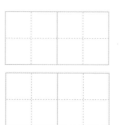

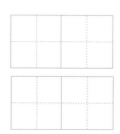

| 낙 | 서 |

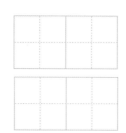

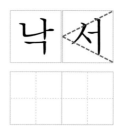

| 책 | 가 | 방 |

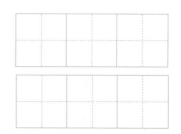

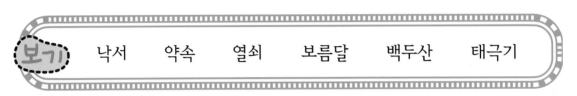

보기 에서 알맞은 낱말을 찾아 빈칸에 써 보세요.

보기   낙서   약속   열쇠   보름달   백두산   태극기

❶ 우리나라의 국기를 [ ][ ][ ] 라고 합니다.

❷ [ ][ ][ ] 은 우리나라에서 제일 높은 산입니다.

❸ 장난으로 아무데나 함부로 쓴 글을 [ ][ ] 라고 합니다.

❹ [ ][ ] 은 서로 말을 미리 정하여 놓는 것을 말합니다.

❺ 음력 15일 밤에 뜨는 둥근 달을 [ ][ ][ ] 이라고 합니다.

❻ [ ][ ] 는 자물쇠를 잠그거나 여는데 사용하는 물건입니다.

✏️ 글자의 짜임에 맞게 빈칸에 옮겨 써 보세요.

① 덧셈과 뺄셈

② 열쇠와 자물쇠

③ 손가락과 발가락

④ 낙서하지 마세요.

⑤ 말하기 듣기 쓰기

낱말 받아쓰기

 불러 주는 낱말을 잘 듣고 받아쓰기 하세요.

예쁘게
한 번 더
써 보세요.

❶

❷
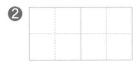

❸

❹

❺

❻

❼

❽

❶

❷

❸

❹

❺

❻

❼

❽
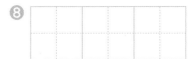

구절과 문장 받아쓰기

✏️ 불러 주는 구절과 문장을 잘 듣고 받아쓰기 하세요.

1

2

3

4

5

틀린 문장이 있다면
다시 써 보세요.

재미있는 말놀이

서로 짝이 맞는 것끼리 선으로 이어 보세요.

책상

손가락

덧셈

붓

듣기

손등

뒷집

숟가락

열쇠

발가락

물감

청군

말하기

밸셈

걸상

자물쇠

백군

앞집

젓가락

발등

나의 단짝은 내 짝꿍

연필의 단짝은 지우개고요

책상의 단짝은 걸상이지요.

엄마의 단짝은 아빠이고요

나의 단짝은 짝꿍이지요.

거센소리가 나는 글자

(격음화) - 입학[이팍]

예사소리 ㄱ, ㄷ, ㅂ, ㅈ이
거센소리 ㅋ, ㅌ, ㅍ, ㅊ으로
바뀌는 현상

입학은 [이팍]으로 읽어요

졸업[조럽]은 예사소리 그대로 발음되지만, 입학[이팍]은
예사소리가 거센소리로 바뀌어 발음이 돼요. 받침 ㄱ, ㄷ, ㅂ, ㅅ, ㅈ 뒤에
ㅎ이 올 경우는 ㅋ, ㅌ, ㅍ, ㅊ으로 소리 나기 때문이에요.
입학의 경우는 받침 ㅂ과 ㅎ이 만난 경우예요.

어떻게 해결할까요?

예사소리 ㄱ, ㄷ, ㅂ, ㅈ이 ㅎ을 만나서, 거센소리 ㅋ, ㅌ, ㅍ, ㅊ으로 발음되는 경우예요.

받침 ㅎ 뒤에 ㄱ, ㄷ, ㅈ이 올 경우 ➡ ㅋ, ㅌ, ㅊ으로 소리 나요.

낳고[나코], 쌓고[싸코], 노랗게[노라케], 이렇게[이러케]

사이좋게[사이조케], 그렇고말고[그러코말고]

닿다[다타], 좋다[조타], 벌겋다[벌거타]

까맣다[까마타], 동그랗다[동그라타]

아무렇지도[아무러치도], 놓지[노치], 그렇지[그러치]

받침 ㄱ, ㄷ, ㅂ, ㅅ, ㅈ 뒤에 ㅎ이 올 경우 ➡ ㅋ, ㅌ, ㅍ, ㅊ으로 소리 나요.

국화[구콰], 북한[부칸], 식혜[시켸], 축하[추카], 역할극[여칼극]

맏형[마텽], 못하다[모타다], 꽃향기[꼬탕기]

입학[이팍], 급히[그피], 급행[그팽], 협회[혀푀], 굽히다[구피다]

맺히다[매치다], 묻히다[무치다], 잊히다[이치다]

38

❶ 받침 ㅎ + ㄱ, ㄷ, ㅈ 일 경우

낱말

발음

놓고

받침 ㅎ 뒤에 ㄱ이 오면 뒤 글자의 첫소리가 거센소리 ㅋ으로 소리 나요.

[노코]

낱말

발음

땋다

받침 ㅎ 뒤에 ㄷ이 오면 뒤 글자의 첫소리가 거센소리 ㅌ으로 소리 나요.

[따ː타]

❷ 받침 ㄱ, ㄷ, ㅂ, ㅅ, ㅈ + ㅎ 일 경우

낱말

발음

역할

받침 ㄱ 뒤에 ㅎ이 오면 뒤 글자의 첫소리가 거센소리 ㅋ으로 소리 나요.

[여칼]

낱말

발음

협회

받침 ㅂ 뒤에 ㅎ이 오면 뒤 글자의 첫소리가 거센소리 ㅍ으로 소리 나요.

[혀푀]

 안에 알맞은 거센소리를 써 넣고, 단어를 옮겨 써 보세요.

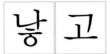 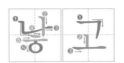

받침 **ㅎ** 뒤에 **ㄱ** 이 오면

뒤에 오는 글자의 첫소리가 거센소리 ☐ 으로 소리 나요. [나코]

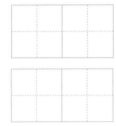 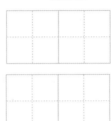 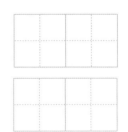

받침 **ㅂ** 뒤에 **ㅎ** 이 오면

뒤에 오는 글자의 첫소리가 거센소리 ☐ 으로 소리 나요. [이팍]

 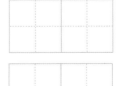 

낱말을 소리 내어 읽은 후 빈칸에 따라 쓰세요.

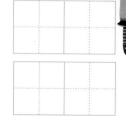
자음 'ㅎ'을 만나서 거센 소리로 발음되기 전의 글자를 생각하면서 적어요.

급	행

[그팽]

축	하

[추카]

역	할	극

[여칼극]

맺	히	다

[매치다]

41

✏️ 자음 + 모음(ㅗ, ㅛ, ㅜ, ㅠ, ㅡ) + 자음이 합쳐진 글자는 ◇ 모양에 맞춰 써요.

✏️ 자음 + 모음(ㅗ, ㅛ, ㅡ)이 합쳐진 글자는 △ 모양에 맞춰 써요.

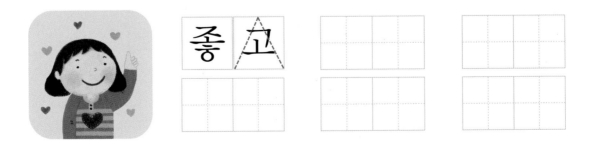

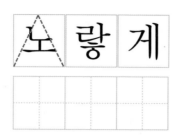 노랗게

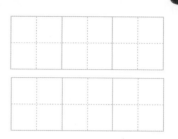

자음＋모음(ㅏ, ㅑ, ㅓ, ㅕ, ㅣ)이 합쳐진 글자는 ◁ 모양에 맞춰 써요.

 급히

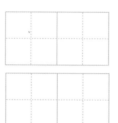

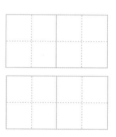

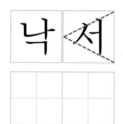 낙서

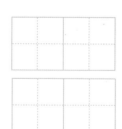

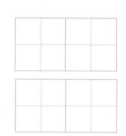

 까맣다

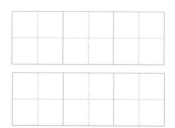

어휘력 키우기

✏️ 보기 에서 알맞은 낱말을 찾아 빈칸에 써 보세요.

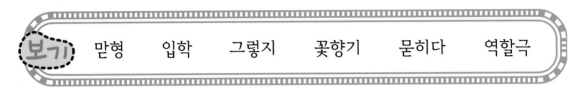

보기   맏형   입학   그렇지   꽃향기   묻히다   역할극

❶ 꽃에서 나는 향기를 ⬚⬚⬚⬚ 라고 합니다.

❷ ⬚⬚⬚ 은 학교에 들어가 학생이 되는 것을 말합니다.

❸ 물건이 흙속에 들어가 감추어지는 것을 ⬚⬚⬚⬚ 라고 합니다.

❹ ⬚⬚⬚ 은 둘 이상의 형 가운데 맏이인 형입니다.

❺ 역할을 담당하여 연기하는 극을 ⬚⬚⬚⬚ 이라고 합니다.

❻ ⬚⬚⬚⬚ 는 틀림없이 그렇다는 뜻으로 하는 말입니다.

✏️ 글자의 짜임에 맞게 빈칸에 옮겨 써 보세요.

① 그렇고말고

② 국화꽃 향기

③ 입학식과 졸업식

④ 역할극 연습하기

⑤ 노랗게 물든 은행잎

불러 주는 낱말을 잘 듣고 받아쓰기 하세요.

예쁘게
한 번 더
써 보세요.

1 ❶

2 ❷

3 ❸

4 ❹

5 ❺

6 ❻

7 ❼

8 ❽

구절과 문장 받아쓰기

✏️ 불러 주는 구절과 문장을 잘 듣고 받아쓰기 하세요.

❶

❷

❸

❹

❺

> 틀린 문장이 있다면 다시 써 보세요.

재미있는 말놀이

✏️ 서로 반대되는 말끼리 선으로 이어 보세요.

입학

급히

두껍고

넣고

급히다

하얗다

못하다

헐고

잘하다

열리다

까맣다

얇고

쌓고

좋고

닫히다

천천히

펴다

빼고

졸업

싫고

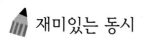 재미있는 동시

반대말 가족

아빠는 뚱뚱하지만 엄마는 홀쭉해요

오빠는 커다랗지만 언니는 자그마해요

아빠와 엄마, 뚱뚱하고 홀쭉하고

오빠와 언니, 커다랗고 자그맣고

이것도 반대말, 저것도 반대말

우리 가족은 반대말 가족이에요.

13단계

다른 자음과 같은 소리가 나는 글자
(음의 동화) - 신라[실라]

어떤 소리가
그 앞이나 뒤의 다른 소리를 닮아서
소릿값이 그와 같거나 비슷하게
소리가 나는 음운 현상

신라는 어떻게 읽어야 할까요?

신라의 ㄴ은 ㄹ의 앞이나 뒤에서 [ㄹ]로 발음한다는 발음 규칙에 따라서
[실라]라고 읽어야 해요. 난로를 [날로]로, 칼날을 [칼랄], 줄넘기를 [줄럼끼]로
읽는 것도 이와 같은 법칙의 영향을 받는 경우예요.

어떤 소리가 그 앞이나 뒤의 다른 소리를 닮아서 소릿값이 그와 같거나 비슷하게 소리가 나는 음운 현상을 음의 동화 라고 해요. 음의 동화에는 양쪽이 서로 닮아서 두 소리가 모두 바뀌는 경우가 있고, 어느 한 쪽만 바뀌는 경우도 있어요.

> 받침 ㄱ ㄷ ㅂ은 쓰는 자음이 아니라, 발음하는 대표음을 말해요.

구개음화

받침 ㄷ ㅌ(ㄾ) 뒤에 모음 ㅣ가 올 때 [ㅈ, ㅊ]으로 소리 나요.

곧이[고지], 굳이[구지]
땀받이[땀바지], 맏이[마지]
미닫이[미다지], 같이[가치]

비음화

받침 ㄱ ㄷ ㅂ 뒤에 ㄴ ㅁ이 올 때 [ㄴ, ㅁ, ㅇ]으로 소리 나요.

국물[궁물], 작년[장년]
부엌문[부엉문], 덫니[던니]
낱말[난말], 밥맛[밤맛]

비음화

받침 ㅁ ㅇ 뒤에 ㄹ이 올 때 [ㄴ]으로 소리 나요.

담력[담녁], 침략[침냑]
음료수[음뇨수], 강릉[강능]
향로[향노], 대통령[대통녕]

유음화

ㄴ 앞이나 뒤에 ㄹ이 올 때 [ㄹ]으로 소리 나요.

논리[놀리], 신라[실라]
천리[철리], 칼날[칼랄]
물난리[물랄리], 달나라[달라라]

❶ 받침 ㄷ + 모음 ㅣ 일 경우

낱말

맏이 받침 ㄷ 뒤에 ㅣ가 오면 뒤의 글자 첫소리가
구개음 ㅈ으로 소리 나요.

발음

[마지]

❷ 받침 ㄱ, ㄷ, ㅂ + 자음 ㄴ,ㅁ 일 경우

낱말

밥맛 받침 ㅂ 뒤에 ㅁ이 오면
받침이 비음 ㅁ으로 소리 나요.

발음

[밤만]

❸ 받침 ㄴ + 자음 ㄹ 일 경우

낱말

신라 받침 ㄴ 뒤에 자음 ㄹ이 오면
받침이 유음 ㄹ으로 소리 나요.

발음

[실라]

소리 내어 읽고 순서에 맞게 따라 쓰기

✏️ ⬜안에 알맞은 자음을 써 넣고, 단어를 옮겨 써 보세요.

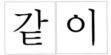 

받침 **E** 뒤에 모음 **ㅣ** 가 오면
뒤의 글자 첫소리가 ⬜ 으로 소리 나요. **[가치]**

받침 **ㅅ** 뒤에 자음 **ㄴ** 이 오면
받침이 ⬜ 으로 소리 나요. **[천눈]**

54

낱말을 소리 내어 읽은 후 빈칸에 따라 쓰세요.

낱말 [난말]

대통령 [대통녕]

식목일 [싱목일]

승리 [승니]

글꼴에 맞게 예쁘게 글씨 쓰기

✏️ 자음 + 모음(ㅗ, ㅛ, ㅜ, ㅠ, ㅡ) + 자음이 합쳐진 글자는 ◇ 모양에 맞춰 써요.

✏️ 자음 + 모음(ㅗ, ㅛ, ㅡ)이 합쳐진 글자는 △ 모양에 맞춰 써요.

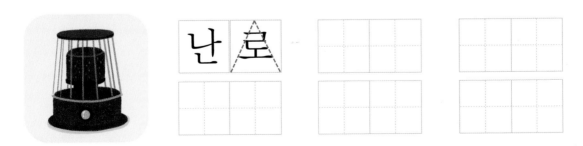

음 료 수

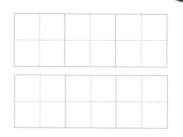

자음 + 모음(ㅏ, ㅑ, ㅓ, ㅕ, ㅣ)이 합쳐진 글자는 ◁ 모양에 맞춰 써요.

덧 니

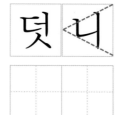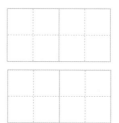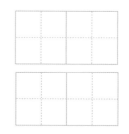

신 라

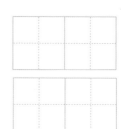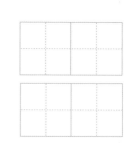

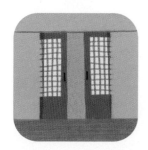

미 닫 이

보기에서 알맞은 낱말을 찾아 빈칸에 써 보세요.

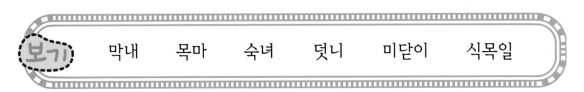

보기   막내   목마   숙녀   덧니   미닫이   식목일

❶ 교양을 갖춘 점잖은 여자를 ⬚⬚ 라고 합니다.

❷ ⬚⬚⬚ 는 옆으로 밀어 여닫는 문입니다.

❸ 여러 형제자매 중에서 맨 나중에 난 아이를 ⬚⬚ 라고 합니다.

❹ ⬚⬚ 는 어린아이들이 타고 놀 수 있도록 나무로 만든 말입니다.

❺ 나무를 심는 날을 ⬚⬚⬚ 이라고 합니다.

❻ ⬚⬚ 는 이가 난 줄의 곁에 포개어 난 이를 말합니다.

✏️ 글자의 짜임에 맞게 빈칸에 옮겨 써 보세요.

❶ 막내와 맏이

❷ 미닫이와 여닫이

❸ 앞마당과 뒷마당

❹ 신사 숙녀 여러분!

❺ 4월 5일은 식목일

✏️ 불러 주는 낱말을 잘 듣고 받아쓰기 하세요.

예쁘게 한 번 더 써 보세요.

왼쪽

①

②

③

④

⑤

⑥

⑦

⑧

오른쪽

①

②

③

④

⑤

⑥

⑦

⑧

구절과 문장 받아쓰기

 불러 주는 구절과 문장을 잘 듣고 받아쓰기 하세요.

❶

❷

❸

❹

❺

틀린 문장이 있다면
다시 써 보세요.

재미있는 말놀이

✏️ 〈말꼬리로 말 잇기〉놀이는 앞사람이 말한 낱말의 끝 글자로 시작하는 낱말을 이어 말하는 놀이예요. 말꼬리로 말을 이어 보세요.

① 미역국 ➡ ⬜ ➡ 물난리 ➡ ⬜
⬇
리더십 ⬅ ⬜ ⬅ 인천 ⬅ 본인
⬇
⬜ ➡ 만화책 ➡ ⬜ ➡ 상어

② 음식 ➡ ⬜ ➡ 물음표 ➡ ⬜
⬇
⬜ ⬅ 투호 ⬅ ⬜ ⬅ 정말
⬇
두부 ➡ 부엌문 ➡ ⬜ ➡ 장롱

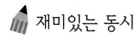

잼있는 말꼬리 잇기

'엄마'의 꼬리말은 '마'

'마'로 시작하는 말은 '마술사'

'마술사'의 꼬리말은 '사'

'사'로 시작하는 말은 '사랑'

'엄마'로 시작해서 '사랑'으로 끝나는

잼있는 말꼬리 잇기 놀이

자음이 첨가되는 글자

(음의 첨가) - 솜이불 [솜니불]

> 말소리를 낼 때에,
> 그 말의 원꼴과는 관계없는
> 음이 첨가되어 그 소리가
> 바뀌는 현상

ㄴ은 어디서 왔을까?

색연필은 받침이 있고, 뒤에 오는 첫 글자가 '이, 야, 여, 요, 유'인 경우에,
ㄴ 음을 첨가하여 [니, 냐, 녀, 뇨, 뉴]로 발음한다는 법칙에 따라서
[생년필]로 읽어요.

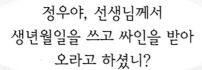

정우야, 선생님께서
생년월일을 쓰고 싸인을 받아
오라고 하셨니?

아뇨, 색연필과 사인펜을
준비해 오라고 하셨어요.

그럼 이렇게 써야지.

아하, 읽을 때는 [생년필]로 읽어도
쓸 때는 '색연필'로 쓰는 거구나.

말소리를 낼 때에, 그 말의 원꼴과는 관계없는 음이 첨가되어 그 소리가 바뀌는 현상을 음의 첨가 라고 해요.

받침 + '이, 야, 여, 요, 유'일 때 [니, 냐, 녀, 뇨, 뉴]로 소리 나요.

이 군입[군닙], 막일[망닐], 삯일[상닐], 맨입[맨닙], 꽃잎[꼰닙], 앞일[압닐], 옛일[옌닐], 솜이불[솜니불], 홑이불[혼니불]

야 내복약[내봉냑]

여 한여름[한녀름], 신여성[신녀성], 색연필[생년필], 늑막염[능망념], 콩엿[콩녇], 남존여비[남존녀비], 직행열차[지캥녈차]

요 눈요기[눈뇨기], 영업용[영엄뇽], 식용유[식콩뉴], 담요[담뇨]

유 밤윷[밤늉]

받침 'ㄹ' + '이, 야, 여, 요, 유'일 때 [리, 랴, 려, 료, 류]로 소리 나요.

이 갈잎[갈립], 들일[들릴], 별일[별릴], 풀잎[풀립]

야 알약[알략]

여 길옆[길렵], 물엿[물렫], 서울역[서울력], 올여름[올려름], 불여우[불려우], 전철역[전철력]

유 휘발유[휘발류]

❶ 받침 ㅁ + 유 일 경우

낱말

발음

밤윷   받침 ㅁ 뒤에 유가 오면 뒤의 글자 첫소리가 뉴으로 소리 나요.   [밤눈]

❷ 받침 ㅅ + 이 일 경우

낱말

발음

옛일   받침 ㅅ 뒤에 이가 오면 뒤의 글자 첫소리가 니으로 소리 나요.   [옌닐]

❸ 받침 ㅇ + 여 일 경우

낱말

발음

콩엿   받침 ㅇ 뒤에 여가 오면 뒤의 글자 첫소리가 녀으로 소리 나요.   [콩년]

❹ 받침 ㄹ + 이 일 경우

낱말

발음

풀잎   받침 ㄹ 뒤에 이가 오면 뒤의 글자 첫소리가 리으로 소리 나요.   [풀립]

✏️ ☐ 안에 알맞은 자음을 써 넣고, 단어를 옮겨 써 보세요.

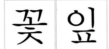 

받침 **ㅊ** 뒤에 모음 **이** 가 오면
뒤의 글자 첫소리가 ☐ 으로 소리 나요. **[꼰닙]**

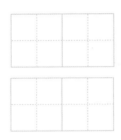 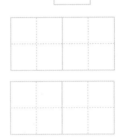 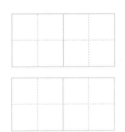

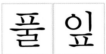 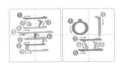

받침 **ㄹ** 뒤에 모음 **이** 가 오면
뒤의 글자 첫소리가 ☐ 로 소리 나요. **[풀립]**

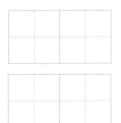  

낱말을 소리 내어 읽은 후 빈칸에 따라 쓰세요.

음이 첨가되어 발음되기 전의 글자를 생각하면서 적어요.

뽕	잎

[뽕닙]

색	연	필

[생년필]

내	복	약

[내봉냑]

솔	잎

[솔립]

글꼴에 맞게 예쁘게 글씨 쓰기

✏ 자음 + 모음(ㅗ, ㅛ, ㅜ, ㅠ, ㅡ) + 자음이 합쳐진 글자는 ◇ 모양에 맞춰

써요.

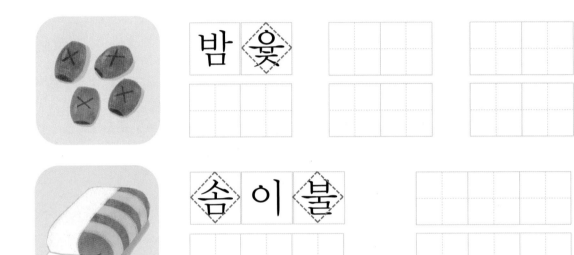

밤 윷

솜 이 불

✏ 자음 + 모음(ㅗ, ㅛ, ㅡ)이 합쳐진 글자는 △ 모양에 맞춰 써요.

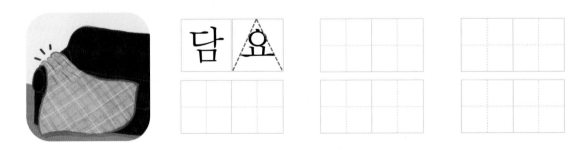

담 요

눈 요 기

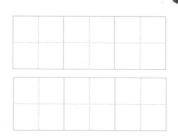

✏️ 자음 + 모음(ㅏ, ㅑ, ㅓ, ㅕ, ㅣ)이 합쳐진 글자는 ◁ 모양에 맞춰 써요.

서 울 역

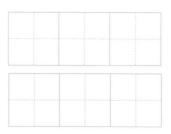

불 여 우

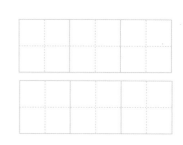

한 여 름

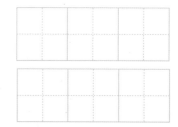

어휘력 키우기

✏️ 보기 에서 알맞은 낱말을 찾아 빈칸에 써 보세요.

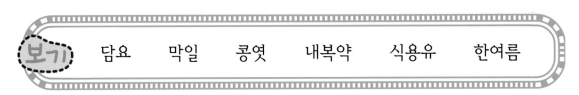

보기   담요   막일   콩엿   내복약   식용유   한여름

❶ 볶은 콩을 섞어 만든 엿을 ⬚⬚ 이라고 합니다.

❷ ⬚⬚⬚ 은 더위가 한창인 여름을 말합니다.

❸ 털 같은 것으로 두껍게 만든 요를 ⬚⬚ 라고 합니다.

❹ ⬚⬚⬚ 은 먹어서 병을 치료하는 약입니다.

❺ 음식을 만드는데 사용하는 기름을 ⬚⬚⬚ 라고 합니다.

❻ ⬚⬚ 은 이것저것 가리지 않고 닥치는 대로 하는 일을 말합니다.

72

✏️ 글자의 짜임에 맞게 빈칸에 옮겨 써 보세요.

❶ 용용 죽겠지.

❷ 색연필과 사인펜

❸ 한여름 밤의 꿈

❹ 뽕잎을 먹는 누에

❺ 솔잎을 먹는 송충이

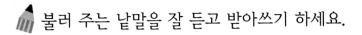 낱말 받아쓰기

 예쁘게
한 번 더
써 보세요.

 불러 주는 낱말을 잘 듣고 받아쓰기 하세요.

①

②

③

④

⑤

⑥

⑦

⑧

①

②

③

④

⑤

⑥

⑦

⑧

구절과 문장 받아쓰기

불러 주는 구절과 문장을 잘 듣고 받아쓰기 하세요.

1

2

3

4

5

틀린 문장이 있다면
다시 써 보세요.

재미있는 말놀이

✏️ 〈꽁지 따기 말놀이〉는 꽁지의 말을 따서 새로운 말을 이어 가는 놀이예요.

〈보기〉처럼 꽁지 따기 말놀이를 만들어 보세요.

① 원숭이 엉덩이는 빨개

② 빨가면 사과

③ 사과는 맛있어

④ 맛있으면 바나나

⑤ 바나나는 길어

⑥ 길면 기차

⑦ 기차는 빨라

⑧ 빠르면 비행기

⑨ 비행기는 높아

⑩ 높으면 백두산

① 피자는 동그래

② 동그라면 지구

③ 지구는 파래

④ 파라면

⑤ ☐ 는 넓어

⑥ 넓으면

⑦ ☐ 은 따뜻해

⑧ 따뜻하면 군고구마

⑨ 군고구마는 맛있어

⑩ 맛있으면

예사말과 높임말

밥 : 진지

예사말 보통으로 예사롭게 하는 말
높임말 상대편을 높여 하는 말

밥과 진지 뭐가 다른 것일까?

우리나라 말에는 어른께 말씀드릴 때 쓰는 높임말이 따로 있어요.
그래서 '밥'과 '진지'는 같은 뜻을 가지고 있지만, 어른께 말씀을 드릴 때는
꼭 '진지'라고 말을 해야 해요.
높임말을 잘 사용해야, 어른을 존경하는 마음을 표현할 수 있어요.

높임말을 써서 상대를 높이는 방법에는 여러 가지가 있어요.

상대를 높이는 뜻이 있는 다른 낱말을 사용하는 방법

밥-진지, 묻다-여쭙다, 데리고-모시고, 먹는다-잡수신다, 있다-계시다

예 할아버지, 진지 잡수세요.

-시를 넣어 상대를 높이는 방법

보다-보시다, 오다-오시다, 한다-하신다

예 아버지께서 부엌에서 설거지를 하신다.

-님을 붙여 상대를 높이는 방법

딸-따님, 아들-아드님, 선생-선생님, 아버지-아버님, 어머니-어머님

예 따님이 선생님을 닮아 참 예쁘군요.

-께를 붙여 상대를 높이는 방법

에게-께

예 어머니께 여쭈어 보렴.

자기를 낮춤으로서 상대를 높이는 방법

나-저, 우리-저희

예 선생님, 저희들이 잘못했어요.

 집
예사말

 댁
높임말

 자 다
예사말

 주 무 시 다
높임말

알맞은 높임말 찾기

오늘 저녁은 큰아버지 (집, 댁)에서 먹기로 했다.

경찰 아저씨(에게, 께) 서점 가는 길을 (물었다, 여쭸다).

선생님, 점심시간에 (우리, 저희)는 피구를 했어요.

어머니(가, 께서) 학교에 상담을 (왔다, 오셨다).

글자의 짜임에 맞게 빈칸에 옮겨 써 보세요.

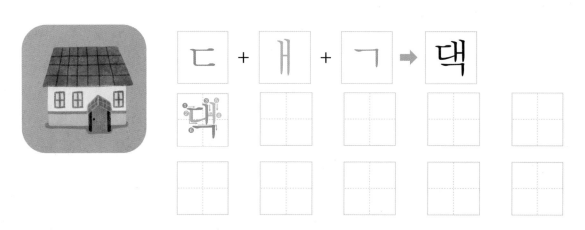

ㄷ + ㅐ + ㄱ ➡ 댁

ㅂ + ㅜ + ㄴ ➡ 분

낱말을 소리 내어 읽은 후 빈칸에 따라 쓰세요.

 병환

 생신

 성함

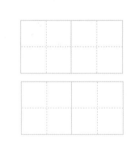 연세

✏️ 자음 + 모음(ㅗ, ㅛ,ㅜ, ㅠ, ㅡ) + 자음이 합쳐진 글자는 ◇ 모양에 맞춰 써요.

 말씀

 여쭙다

✏️ 자음 + 모음(ㅗ, ㅛ, ㅡ)이 합쳐진 글자는 △ 모양에 맞춰 써요.

 오시다

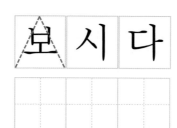 보 시 다

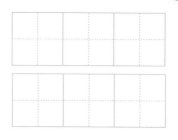

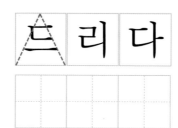 드 리 다

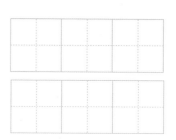

자음 + 모음(ㅏ, ㅑ, ㅓ, ㅕ, ㅣ)이 합쳐진 글자는 ◁ 모양에 맞춰 써요.

 저 희

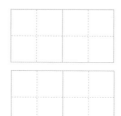

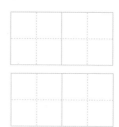

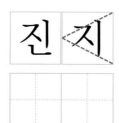 진 지

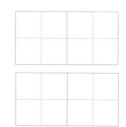

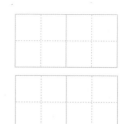

어휘력 키우기

✏️ 보기 에서 알맞은 낱말을 찾아 빈칸에 써 보세요.

보기   댁   진지   말씀   병환   생신   연세

❶ '집' 의 높임말은 ☐☐ 입니다.

❷ '말' 의 높임말은 ☐☐ 입니다.

❸ '밥' 의 높임말은 ☐☐ 입니다.

❹ '병' 의 높임말은 ☐☐ 입니다.

❺ '나이' 의 높임말은 ☐☐ 입니다.

❻ '생일' 의 높임말은 ☐☐ 입니다.

✏️ 글자의 짜임에 맞게 빈칸에 옮겨 써 보세요.

❶ 선생님 말씀

❷ 외할머니 댁

❸ 진지 잡수세요.

❹ 부모님을 모시고

❺ 낮잠을 주무십니다.

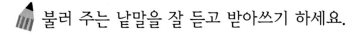

낱말 받아쓰기

불러 주는 낱말을 잘 듣고 받아쓰기 하세요.

예쁘게 한 번 더 써 보세요.

①

②

③

④

⑤

⑥

⑦

⑧

①

②

③

④

⑤

⑥

⑦

⑧

구절과 문장 받아쓰기

불러 주는 구절과 문장을 잘 듣고 받아쓰기 하세요.

❶

❷

❸

❹

❺

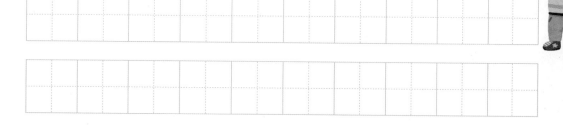

틀린 문장이 있다면
다시 써 보세요.

재미있는 말놀이

✏️ 높임말은 ○표, 예사말은 △표를 하세요.

(여쭙다)

보시다

(있다)

말

생신

먹는다

데리고

묻다   성함

자다

생일

주무시다

말씀

잡수신다

편찮으시다

이름   아프다

모시고

보다

계시다

보기 처럼 〈말허리 잇기〉 놀이를 해 보세요. 세 글자로 이루어진 단어의 가운데 글자를 연결해서 단어를 이어가 보세요.

보기

놀이터	→	이야기	→	야구장	→	구경꾼

무지개	←	사무실	←	복사기	←	경복궁

지우개	→	우물가	→	물고기	→	고양이

나무꾼	→		→		→	

	←		←		←	

	→		→	

겹받침이 있는 어려운 글자

(초성+중성+종성) - 닭[닥]

두 가지의 닿소리로
이루어진 받침.

ㄳ, ㄵ, ㄻ, ㄽ, ㄾ, ㅄ

겹받침도 어렵지 않아요

겹받침은 어려운 것 같지만 발음규칙을 알고 익히면 쉽게 쓸 수 있어요.
여덟[여덜]처럼 겹받침의 앞 자음이 발음되는 경우도 있고,
진흙[진흑]처럼 겹받침의 뒤 자음이 발음되는 경우도 있어요.

겹받침은 자음의 구성에 따라, 앞 자음으로 발음할 때도 있고, 뒤 자음으로 발음할 때도 있어요.

앞 자음이 발음되는 ♥ 겹받침

겹받침 ㄳ은 ㄱ으로 소리 나요.
예) 넋[넉], 몫[목], 품삯[품삭]

겹받침 ㄵ은 ㄴ으로 소리 나요.
예) 앉다[안따], 얹다[언따]

겹받침 ㄼ, ㄽ, ㄾ은 ㄹ으로 소리 나요.
예) 여덟[여덜], 외곬[외골], 개미핥기[개미할끼]

겹받침 ㅄ은 ㅂ으로 소리 나요.
예) 값[갑], 없다[업따], 가엾다[가엽따]

뒤 자음이 발음되는 ♥ 겹받침

겹받침 ㄺ은 ㄱ으로 소리 나요.
예) 닭장[닥짱], 진흙[진흑], 산기슭[산끼슥]

겹받침 ㄻ은 ㅁ으로 소리 나요.
예) 삶[삼], 굶다[굼따], 젊다[점따]

겹받침 ㄿ은 ㅂ으로 소리 나요.
예) 읊다[읍따]

❶ 앞 자음이 발음되는 겹받침

낱말

몫

겹받침 'ㄳ'은 ㄱ 으로 소리 나요.

발음

[목]

낱말

외곬

겹받침 'ㄹ'은 ㄹ 으로 소리 나요.

발음

[외골]

낱말

값

겹받침 'ㅄ'은 ㅂ 으로 소리 나요.

발음

[갑]

❷ 뒤 자음이 발음되는 겹받침

낱말

산기슭

겹받침 'ㄺ'은 ㄱ 으로 소리 나요.

발음

[산끼슥]

낱말

삶

겹받침 'ㄻ'은 ㅁ 으로 소리 나요.

발음

[삼]

95

□안에 알맞은 읽는 소리를 써 넣고, 단어를 옮겨 써 보세요.

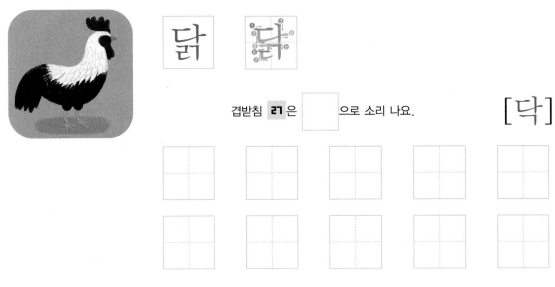

닭　닭

겹받침 **ㄺ**은 □으로 소리 나요.　　[닥]

젊 은　젊 은

겹받침 **ㄻ**은 □은 받침으로, □은
뒤의 글자 첫소리로 모두 소리 나요.　　[절믄]

낱말을 소리 내어 읽은 후 빈칸에 따라 쓰세요.

넋 [넉]

품 삯 [품싹]

맑 다 [막따]

읊 다 [읍따]

글꼴에 맞게
예쁘게 글씨 쓰기

✏️ 자음 + 모음(ㅗ, ㅜ, ㅡ) + 자음이 합쳐진 글자는 ◇ 모양에 맞춰 써요.

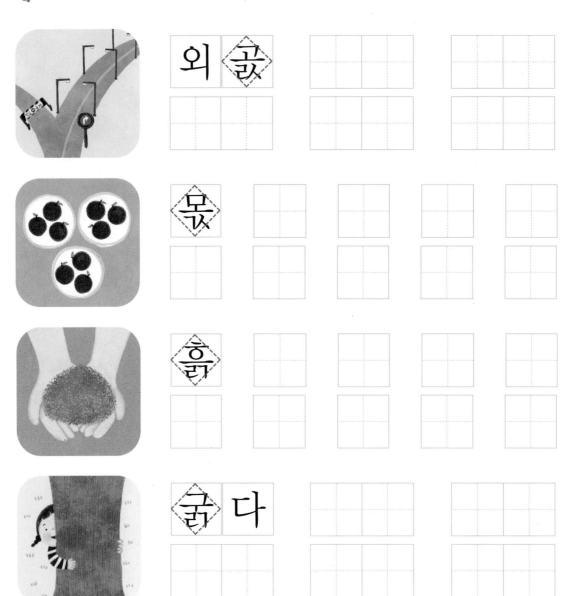

외 곬

뭇

흙

굵 다

98

산 기 슭

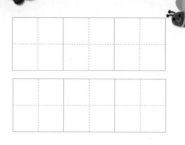

자음 + 모음(ㅏ, ㅑ, ㅓ, ㅕ, ㅣ)이 합쳐진 글자는 ◁ 모양에 맞춰 써요.

넓 이

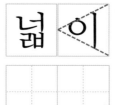

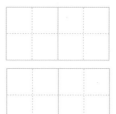

굵 다

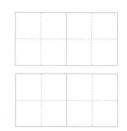

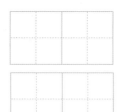

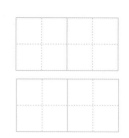

가 엾 다

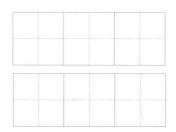

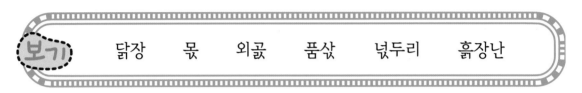 에서 알맞은 낱말을 찾아 빈칸에 써 보세요.

보기   닭장   못   외곬   품삯   넋두리   흙장난

❶ 한 곳으로만 트인 길을 ☐☐☐ 이라고 합니다.

❷ ☐☐ 은 여럿으로 나누어 가지는 부분을 말합니다.

❸ 품팔이를 하고 받는 돈을 ☐☐☐ 이라고 합니다.

❹ ☐☐☐☐ 은 흙을 가지고 노는 장난입니다.

❺ ☐☐☐ 은 닭을 가두어 두는 장입니다.

❻ ☐☐☐☐ 는 마음에 못마땅하여 불편을 하소연하는 말입니다.

✏️ 글자의 짜임에 맞게 빈칸에 옮겨 써 보세요.

❶ 일고여덟 살

❷ 삼각형의 넓이

❸ 까닭은 무엇일까요?

❹ 닭장 속에는 암탉이

❺ 진흙 속에 핀 연꽃

낱말 받아쓰기

불러 주는 낱말을 잘 듣고 받아쓰기 하세요.

①

②

③

④

⑤

⑥

⑦

⑧

①

②

③

④

⑤

⑥

⑦

⑧

구절과 문장 받아쓰기

✏️ 불러 주는 구절과 문장을 잘 듣고 받아쓰기 하세요.

①

②

③

④

⑤

틀린 문장이 있다면 다시 써 보세요.

재미있는 말놀이

✏️ 다섯 개의 질문과 대답을 읽고, 〈다섯 고개 놀이〉를 해 보세요.

 첫째 고개
질문 살아 있나요?   대답 예, 살아 있습니다.

둘째 고개
질문 암컷인가요?   대답 아니오, 수컷입니다.

 셋째 고개
질문 볏이 있나요?   대답 예, 그렇습니다.

 넷째 고개
질문 이름은 몇 글자인가요?   대답 두 글자입니다.

 다섯째 고개
질문 어떤 소리를 내나요?   대답 '꼬끼오' 소리를 냅니다.

❶ 정답은 입니다.

104

첫째 고개
질문 살아 있나요?　　　　　　　　　대답 예, 살아 있습니다.

 둘째 고개
질문 이빨이 있나요?　　　　　　　　　대답 아니오, 없습니다.

 셋째 고개
질문 혀가 긴가요?　　　　　　　　　　대답 예, 그렇습니다.

 넷째 고개
질문 이름은 몇 글자인가요?　　　　　대답 네 글자입니다.

 다섯째 고개
질문 무엇을 먹나요?　　　　　　　　　대답 '개미'를 먹습니다.

❷ 정답은  입니다.

 재미있는 동시

꼬끼오 수탉아

날지 못하는 새라고　　　누가 뭐래도 네겐
속상해하지 마.　　　　　왕관처럼 근사한
　　　　　　　　　　　　빨간 볏이 있잖아.

문장부호 바르게 쓰기

문장의 의미 전달을 돕거나
알아보기 쉽게 하기 위하여 쓰이는
여러 가지 부호

문장부호도 뜻을 전달해요

문장부호는 문장의 뜻을 잘 전달하기 위해서 사용하는 부호예요.
문장을 구별하고, 이해하기 쉽도록 표현한 부호인데, 이 부호를 무시하고
글을 읽는다면 뜻이 잘못 전달될 수 있으므로, 주의해야 해요.

문장부호에 알맞게 글을 띄어 읽으면 뜻을 알기 쉬워져요.

❶ 반점(,) 뒤에는 ∨(쐐기표)를 하고, 조금 쉬어 읽어요.

❷ 온점(.), 느낌표(!), 물음표(?) 뒤에는 ⋁(겹쐐기표)를 하고, 반점(,)보다 조금 더 쉬어 읽어요.

❸ 글이 끝나는 마지막 문장 끝의 마침표에는 띄어 읽기 표시를 하지 않아요. 글이 끝나서 쉬어 읽을 곳이 더 이상 없기 때문이에요.

온점	**.**	설명하는 문장 끝에 씁니다.	예 내 이름은 초롱이야.
반점	**,**	부르는 말 뒤에 씁니다.	예 현수야,
느낌표	**!**	느낌을 나타내는 문장 끝에 씁니다.	예 고마워!
물음표	**?**	묻는 문장 끝에 씁니다.	예 궁금하지?
작은따옴표	**' '**	마음속으로 한 말을 적을 때에 씁니다.	예 '어쩌지?'
큰따옴표	**" "**	직접 대화를 표시할 때에 씁니다.	예 "뭐라고?"
줄임표	**··· ···**	할 말을 줄였을 때에 씁니다.	예 내 말은……
가운뎃점	**·**	특정한 의미를 가지는 날을 나타내는 숫자에 씁니다.	예 3·1운동

온점 　.　　왼쪽 아래 칸에 써요.

반점 　,　　왼쪽 아래 칸에 써요.

느낌표 　!　　가운데에 써요.

물음표 　?　　가운데에 써요.

작은따옴표 　'　'　　여는 따옴표는 오른쪽 위 칸에,
　　　　　　　　　　　　닫는 따옴표는 왼쪽 위 칸에 써요.

큰따옴표 　"　"　　여는 따옴표는 오른쪽 위 칸에,
　　　　　　　　　　　　닫는 따옴표는 왼쪽 위 칸에 써요.

줄임표 　…　…　　두 칸에 나누어 가운데에 써요.

소리 내어 읽고 순서에 맞게 따라 쓰기

✏️ 다음 문장부호를 바르게 써 보세요.

.	?	!	,	'	'	"	"

110

낱말을 소리 내어 읽은 후 빈칸에 따라 쓰세요.

반	점

온	점

물	결	표

중	괄	호

글꼴에 맞게 예쁘게 글씨 쓰기

✏️ 자음 + 모음(ㅗ, ㅛ, ㅜ, ㅠ, ㅡ) + 자음이 합쳐진 글자는 ◇ 모양에 맞춰 써요.

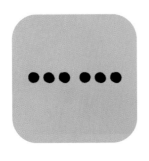

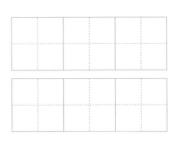

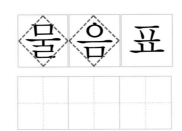

✏️ 자음 + 모음(ㅗ, ㅛ, ㅡ)이 합쳐진 글자는 △ 모양에 맞춰 써요.

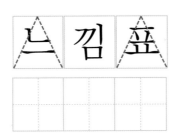

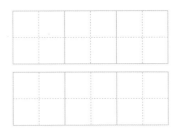

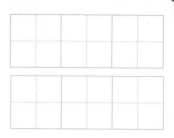

자음＋모음(ㅏ, ㅑ, ㅐ, ㅔ, ㅣ)이 합쳐진 글자는 ◁ 모양에 맞춰 써요.

[ ]

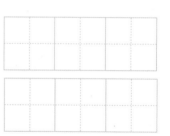

66 99

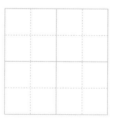
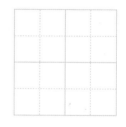

●

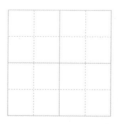

113

✏️ 보기에서 알맞은 낱말을 찾아 빈칸에 써 보세요.

보기   반점   온점   느낌표   물음표   줄임표   큰따옴표

❶ 부르는 말 뒤에 쓰는 문장부호를 　　　　　 라고 합니다.

❷ 설명하는 문장 끝에 쓰는 문장부호를 　　　　　 이라고 합니다.

❸ 묻는 문장 끝에 쓰는 문장부호를 　　　　　 라고 합니다.

❹ 할 말을 줄였을 때에 쓰는 문장부호를 　　　　　 라고 합니다.

❺ 느낌을 나타내는 문장 끝에는 　　　　　 를 씁니다.

❻ 　　　　　 는 직접 대화를 표시할 때 쓰는 부호입니다.

✏️ 글자의 짜임에 맞게 빈칸에 옮겨 써 보세요.

❶ 작은따옴표

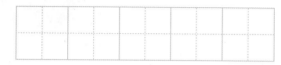

❷ 온점과 고리점

❸ 물음표와 느낌표

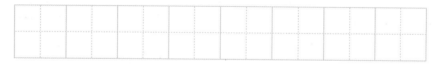

❹ 마침표를 찍어요.

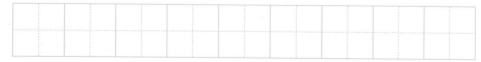

❺ 여러 가지 문장부호

불러 주는 낱말을 잘 듣고 받아쓰기 하세요.

예쁘게 한 번 더 써 보세요.

1

2

3

4

5

6

7

8

구절과 문장 받아쓰기

✏️ 불러 주는 구절과 문장을 잘 듣고 받아쓰기 하세요.

1

2

3

4

5

> 틀린 문장이 있다면 다시 써 보세요.

재미있는 말놀이

✏️ 서로 짝이 맞는 것끼리 선으로 이어 보세요.

,	~	?	" "

저기 ☐☐   3☐4시

☐어떻게 이야기하지?☐   민호야☐

물음표   온점   큰따옴표   느낌표

.　　!　　......　　' '

아침입니다 ☐　　　　　　아름다워 ☐

☐ 거기서 만나자! ☐　　　　몇 시야 ☐

반점　　물결표　　줄임표　　작은따옴표

원고지 바르게 쓰기

일정한 규격을 갖추고 있는 글을 쓰는 종이로 200자 원고지를 주로 사용

원고지 쓰는 방법을 익히면서 띄어쓰기 연습을 해요

'아 기다리고 기다리던 데이트'가 띄어쓰기를 잘못하면 '아기다리 고기다리던데이트'로 무슨 말인지 알 수 없게 변해 버려요. 띄어쓰기도 의미를 전달하는 데 중요한 역할을 하고 있는 것을 알 수 있어요. 칸이 나누어진 원고지를 바르게 쓰는 방법을 익히면, 띄어쓰기를 자연스럽게 익힐 수 있어요.

칸이 나누어진 원고지에 글을 쓰면, 분량을 정확하게 알 수 있고 띄어쓰기와 문장부호의 사용법도 익힐 수 있어요.

원고지에 글을 쓰는 요령

❶ 첫줄은 비우거나 글의 종류를 밝혀요.

	〈	동	시	〉														

❷ 둘째 줄 가운데에 제목을 써요. 마침표는 찍지 않아요.

				군	복		입	은		개	구	리						

❸ 셋째 줄에 학교 이름을 뒤쪽에 두 칸을 비우고 써요.

										파	란		초	등	학	교		

❹ 넷째 줄에 학년과 이름을 뒤쪽에 두 칸을 비우고 써요.

										1	학	년		이	정	원		

❺ 다섯째 줄은 비워요.

❻ 여섯째 줄은 문단(또는 단락)이 시작되는 자리이므로 처음 한 칸을 비우고 써요.

	배	불	뚝	이		돼	지	가		두		발	로		서	서		세	종

❼ 한글은 한 칸에 한 자씩 쓰고, 띄어쓰기 할 자리는 한 칸을 비워둬요. 만약 띄어 쓸 자리가 원고지의 왼편 첫 칸에 해당할 경우에는 그 칸은 비우지 않아요. (그 첫 칸을 비우면 문단이 시작되는 부분 ❻번과 혼동되기 때문이에요.)

마	구		흔	들	렸	어	요	.									

❽ 줄임표(……), 줄표(----)는 두 칸에 써요.

	같	은	데	…	…	.	'										

⑨ 대화글(" ")을 쓸 때에는 행을 바꾸어 첫째 칸은 비우고, 둘째 칸에 여는 따옴표(")를 쓰고, 셋째 칸부터 글씨를 쓰며, 줄이 바뀔 때에도 첫째 칸은 비우고 둘째 칸부터 글자를 써요. 마침표(.)로 끝날 경우에는 닫는 따옴표(")와 한 칸에 써요.

	"	놀	라	지		마	,		난		황	진	이	라	고		해	.		마	법
에		걸	려	서		이	렇	게		된		거	야	.		난	,		낱	말
퍼	즐	을		다		못		풀	었	거	든	."								

⑩ 물음표(?)나 느낌표(!)로 끝날 경우에는 다음 칸에 닫는 따옴표를 써요.

	"	으	악	!	"												
	"	뭐	,		낱	말	퍼	즐	?		"						

⑪ 반점(,)이나 온점(.) 등의 간단한 부호가 원고지 첫 칸에 놓이지 않도록 해요. 빈칸처럼 오해하기 쉽기 때문에 이런 경우에는 윗줄 오른쪽 마지막 칸에 쓴 글자 옆에 표시해요.

	폭	탄	먼	지	벌	레		볶	음	에		지	렁	이		비	빔	국	수,
바	퀴	벌	레		튀	김	에		애	기	똥	풀		죽	을		먹	으	렴.

⑫ 문장부호는 한 글자로 취급하기 때문에 한 칸에 하나씩 표기하는 것을 원칙으로 해요. 온점(.)과 반점(,)을 찍은 후에는 한 칸을 띄우지 않고 바로 이어서 단어를 써요.

마	법	에		걸	려	서		이	렇	게		된		거	야	.	난	,	낱

⑬ 아라비아 숫자나 알파벳 소문자는 한 칸에 두 자씩 써요.

	'	24	단	계	의		낱	말	퍼	즐	은		마	법	의		주	문	을

⑭ 알파벳 대문자와 로마 숫자, 낱자로 된 아라비아 숫자는 한 칸에 한 자씩 써요.

K	O	R	E	A		K	or	ea						
I	II	III	IV	V	VI	VII	VIII	IX	X					
3	·	1	운	동										

글의 종류를 밝혀요.

제목은 가운데 써요.

뒤쪽 두 칸을 비워요.

글 시작은 앞 두 칸을 비우고 써요.

한 줄 띄워요.

연은 한 줄 띄워요.

〈동시〉

　　　군복 입은 개구리

　　　　　　파란 초등학교

　　　　　　1학년 이정원

　물 속 나라에도
　전쟁 같은 것이 있는가?
　개구리들이 모두
　얼룩무늬 군복을 입었네.

　군복 입은 개구리들이
　서로 노래를 주고받네.
　이쪽에서 개굴개굴하면
　저쪽에서 개굴개굴

　개구리들은
　노래로 전쟁을 하나 봐.

원고지 쓰는 법을 생각하며 [동시]를 옮겨 써 보세요.

원고지 바르게 쓰는 법 〈산문〉

글의 종류를 밝혀요.

제목은 가운데 써요.

뒤쪽 두 칸을 비워요.

〈동화〉

　　나, 오늘은 낱말퍼즐 놀이

　　　　　　　파란 초등학교

글 시작은 앞 한 칸을 비우고 써요.

　　　　　　　2학년 이정원

한 줄 띄워요.

　배불뚝이 돼지가 두 발로 서서 세종
과 순신을 반겨주자 둘은 동시에 뒤로
나자빠졌어요.

느낌표는 한 칸에 써요.

여는 " 는 둘째 칸에 써요.

　"으악!"

대화 " " 글이 이어질 때 앞 한 칸을 모두 비워요.

　"놀라지 마, 난 황진이라고 해. 마법
에 걸려서 이렇게 된 거야. 난, 낱말
퍼즐을 다 못 풀었거든."

닫는 " 는 마침표와 한 칸에 써요.

물음표는 한 칸에 써요.

　"뭐, 낱말퍼즐?"

　순신은 두 눈을 비비고 또 비비며
제 살을 꼬집어보았어요.

　'아얏, 아픈 걸 보니 꿈은 아닌 것
같은데…….'

줄임표는 두 칸에 써요.

생각은 ' ' 속에 쓰고 앞 한 칸을 비워요.

128

원고지 쓰는 법을 생각하며 [산문]을 옮겨 써 보세요.

다음 글을 원고지에 바르게 써 보세요.

> "그럼 이거 먹을래? 폭탄먼지벌레 볶음에 지렁이 국수, 바퀴벌레 튀김에 애기똥풀 무침, 그리고 또……."
>
> "아, 아뇨!"
>
> 세종은 황급히 손을 내저었어요. 지렁이가 국수처럼 얽혀 있는 모습은 보기만 해도 역겨웠어요.

정확하게 다시 한 번 옮겨 써 보세요.

✏️ 다음 그림을 보고 재미있는 수수께끼를 풀어 보세요.

❶ 감은 감인데 못 먹는 감은?

❷ 말은 말인데 타지 못하는 말은?

❸ 깜깜하면 깜깜할수록 더 잘 보이는 것은?

❹ 닦으면 닦을수록 더러워지는 것은?

❺ 먹으면 먹을수록 더 많아지는 것은?

❻ 여름에는 일하고 겨울에는 쉬는 것은?

❼ 깎으면 깎을수록 길어지는 것은?

❽ 낮에는 올라가고 밤에는 내려오는 것은?

❾ 방울은 방울인데 소리 나지 않는 방울은?

❿ 더울 때는 옷을 입고 추울 때는 옷을 벗는 것은?

10단계 | 16 | ❶ 칫솔 ❷ 셋방 ❸ 곳간 ❹ 툇마루 ❺ 볏가리 ❻ 나룻배
| 18 | ❶ 냇물 ❷ 잇몸 ❸ 숫자 ❹ 나룻배 ❺ 아랫니 ❻ 바닷가
| | ❼ 나뭇가지 ❽ 비눗방울
| 19 | ❶ 촛불을 켜요. ❷ 윗니와 아랫니 ❸ 비눗방울 동동동
| | ❹ 앙상한 나뭇가지 ❺ 다람쥐 쳇바퀴 돌듯
| 20 | ❶ 잇몸 ❷ 촛불 ❸ 기찻길 ❹ 만둣국 ❺ 바닷물
| 21 | ❶ 소 ❷ 닭, 개 ❸ 원숭이 ❹ 돼지 ❺ 호랑이

11단계 | 26 | ㅆ, ㄲ | 30 | ❶ 태극기 ❷ 백두산 ❸ 낙서 ❹ 약속 ❺ 보름달 ❻ 열쇠
| 32 | ❶ 낙서 ❷ 뺄셈 ❸ 약속 ❹ 학교 ❺ 열쇠 ❻ 눈사람 ❼ 보름달 ❽ 책받침
| 33 | ❶ 덧셈과 뺄셈 ❷ 열쇠와 자물쇠 ❸ 손가락과 발가락
| | ❹ 낙서하지 마세요. ❺ 말하기 듣기 쓰기
| 34 | 손등 – 발등, 손가락 – 발가락, 숟가락 – 젓가락, 열쇠 – 자물쇠, 말하기 – 듣기,
| | 청군 – 백군, 물감 – 붓, 앞집 – 뒷집, 덧셈 – 뺄셈

12단계 | 40 | ㅋ, ㅍ | 44 | ❶ 꽃향기 ❷ 입학 ❸ 묻히다 ❹ 맏형 ❺ 역할극 ❻ 그렇지
| 46 | ❶ 국화 ❷ 입학 ❸ 식혜 ❹ 축하 ❺ 그렇지 ❻ 꽃향기 ❼ 묻히다 ❽ 역할극
| 47 | ❶ 그렇고말고 ❷ 국화꽃 향기 ❸ 입학식과 졸업식
| | ❹ 역할극 연습하기 ❺ 노랗게 물든 은행잎
| 49 | 두껍고 – 얇고, 급히 – 천천히, 넣고 – 빼고, 쌓고 – 헐고, 좋고 – 싫고,
| | 굽히다 – 펴다, 까맣다 – 하얗다, 닫히다 – 열리다, 못하다 – 잘하다

13단계 | 54 | ㅊ, ㄴ | 58 | ❶ 숙녀 ❷ 미닫이 ❸ 막내 ❹ 목마 ❺ 식목일 ❻ 덧니
| 60 | ❶ 낱말 ❷ 덧니 ❸ 막내 ❹ 첫눈 ❺ 대통령 ❻ 식목일 ❼ 음료수 ❽ 줄넘기
| 61 | ❶ 막내와 맏이 ❷ 미닫이와 여닫이 ❸ 앞마당과 뒷마당
| | ❹ 신사 숙녀 여러분! ❺ 4월 5일은 식목일
| 62 | ❶ 국물, 리본, 천리, 십만, 책상 ❷ 식물, 표정, 말투, 호두, 문장

14단계 | 68 | ㄴ, ㄹ | 72 | ❶ 콩엿 ❷ 한여름 ❸ 담요 ❹ 내복약 ❺ 식용유 ❻ 막일
| 74 | ❶ 담요 ❷ 솔잎 ❸ 콩엿 ❹ 내복약 ❺ 눈요기 ❻ 식용유 ❼ 솜이불 ❽ 한여름
| 75 | ❶ 용용 죽겠지. ❷ 색연필과 사인펜 ❸ 한여름 밤의 꿈
| | ❹ 뽕잎을 먹는 누에 ❺ 솔잎을 먹는 송충이
| 77 | ❹ 바다 ❺ 바다 ❻ 마음 ❼ 마음 ⓾ 아이스크림
| | ※ 위의 답 외에도 다양한 단어를 사전에서 찾아보세요!

15단계 | 81 | 댁, 께, 여쭸다, 저희, 께서, 오셨다

❹ 부모님을 모시고 ❺ 낮잠을 주무십니다.

예사말 : 먹는다, 말, 자다, 묻다, 데리고, 생일, 이름, 아프다, 보다

의식주 – 식용유 ※ 위의 답 외에도 다양한 단어를 사전에서 찾아보세요!

❹ 닭장 속에는 암탉이 ❺ 진흙 속에 핀 연꽃

❼ 가운뎃점 ❽ 큰따옴표

❹ 마침표를 찍어요. ❺ 여러 가지 문장부호

" " – "거기서 만나자!" – 큰따옴표 / . – 아침입니다. – 온점

! – 아름다워! – 느낌표 / …… – 저기…… – 줄임표

' ' – '어떻게 이야기하지?' – 작은따옴표

18단계 | 130 |

	"	그	럼		이	거		먹	을	래	?		폭	탄	먼	지	벌	레
볶	음	에		지	렁	이		국	수	,		바	퀴	벌	레		튀	김	에
	애	기	똥	풀		무	침	,		그	리	고		또	…	…	.	"	
	"	아	,		아	뇨	!	"										
	세	종	은		황	급	히		손	을		내	저	었	어	요	.		지	렁
이	가		국	수	처	럼		얽	혀		있	는		모	습	은		보	기
만	해	도		역	겨	웠	어	요	.									